AF221145

Für Christinchen

JOHANNES BAERLAP

SCHABENREITER

TEXTE AUS DER ZWISCHENWELT

Bibliografische Information der
Deutschen Nationalbibliothek:
Die Deutsche Nationalbibliothek verzeichnet diese
Publikation in der Deutschen Nationalbibliografie,
detaillierte bibliografische Daten sind im Internet über:
http://dnb.dnb.de abrufbar

© 2018 Johannes Baerlap

Herstellung und Verlag:
BoD - Books on Demand, Norderstedt.

ISBN 978-3-7528-4140-4

INHALTSVERZEICHNIS

I DER MAGIER

Steinzeitreise

„Homm, Homm, komm zurück!"

Der alte Schamane mit seinen verfilzten Haarzöpfen, dem langen, grauen Bart und den Ketten mit Eberzähnen um den Hals kniete neben dem immer noch schlafenden Homm und schlug einige Male mit der flachen Hand auf dessen bleiche Wangen.

„Komm zurück, Homm, der Wächter ist gegangen. Du kannst wieder in die Welt der Lebenden eintreten. Komm zurück!"

Der Schamane ging zum niedrigen Feuer, das noch von der Nacht glimmte, nahm eine lederne Wasserflasche, die samt seiner restlichen Habe an einem kleinen Felsüberhang nahebei ruhte, und goss den Inhalt über Homms Kopf aus.

Homm, der im Zauberschlaf immer wieder Worte gemurmelt, von Zeit zu Zeit auch plötzlich geschrieen, dann wie ein Toter geschlafen hatte, war schlagartig wach. Er hatte im Reflex den Oberkörper aufgerichtet und schaute nun mit großen, erschreckten und halb wahnsinnig blickenden Augen den Schamanen an.

„Wer? Wer? Wo...?" stotterte er.

„Ruhig, Homm, ruhig. Du kommst aus der Anderswelt. Der Pilz hat dich geführt, Homm. Der Pilz hat dich geführt. Was hast du gesehen, Homm, was hast du gesehen? Erinnere dich, es ist wichtig!"

Der Schamane reichte Homm ein Stück getrocknetes Fleisch.

„Kaue es gut", sagte er, „das Reh habe ich selber gefangen. Es schenkt dir Kraft. Kaue es gut und langsam. Erinnere dich an deine Träume und Blicke. Und dann erzähle!"

Homm kaute das Fleisch, bis es in seinem Mund langsam zu Fasern zerfiel und er es schließlich schluckte. Ernst sah er den Schamanen an.

„Vater", sagte er dann, „Vater, ich habe mächtigen Zauber gesehen."

„Homm", sagte der Schamane, „Homm, nimm den Sitz der Kraft ein und berichte. Dein Mund ist mein Ohr."

Homm schlug die Beine in der rituellen Weise unter, die ihn der Schamane gleich zu Beginn seiner Ausbildung gelehrt hatte, und starrte in die Glut des allmählich verlöschenden Feuers.

„Vater, mächtiger Zauber war dort." Er schwieg.

„Sprich, was hast du gesehen? Hast du das Tier gesehen, den Gehörnten? Hast du den Wächter gesehen? Was hast du gesehen? Welches Ziel schlug dein Blick?"

Homm schwieg. Er schloss die Augen und versuchte, sich an die Visionen zu erinnern, die ihm der Pilz in der Nacht geschenkt hatte.

„Ich hatte drei große Blicke", entsann sich Homm. „Zuerst war ich auf einem riesigen Kanu, hundertmal so groß wie das größte Haus der Siedlermenschen jenseits des Flusses. Auf ihm waren viele Hütten, eine neben der anderen, und auf ihnen noch mehr Hütten, und darüber noch mehr. Ein großes Feuer brannte in seinem Bauch, es fuhr schnell, doch niemand ruderte. Und überall waren Völker, sie tranken, aßen und hörten Gesänge. Ihre Kleider waren fremd, so rein, bunt und weiß wie kein Linnen vom Siedler, Auch ich trug solche Kleider, sprach und aß wie einer von ihnen. Draußen, oben auf dem Kanu, war es kalt, und eisig wehte der Wind, und ringsherum nur Wasser und Wolken. Drinnen brannten viele kleine Feuer wie von Zauberhand, und es war warm und angenehm wie in der großen Grotte, wenn wir die Mutter des Gehörnten ehren. Ich aß und trank, schaute die Gesichter und war zufrieden. Aber plötzlich tat es einen großen Knall und einen langen Laut wie ein riesiges Schaben auf Steinen, lauter als jeder Waldelefant schreien kann, und dann sank das Kanu. Die Völker liefen und schrieen durcheinander, es war schrecklich wie der Untergang der Welt, den die Alten prophezeien, und alle verschlang das Wasser. Auch mich."

Homm schwieg nachdenklich.

„Sprich weiter", ermahnte ihn der Schamane. „Was sahst du noch, Homm?"

„Im zweiten Blick war es ein Kanu, das durch die Luft flog. Ich stand in einem riesigen Wald von Hütten, hundertmal höher als die Siedlerhäuser, auf einem gerodeten Land und sah es kommen, groß und größer noch als die großen Walfische, von denen die Muschelsammler erzählen, wenn sie Beile tauschen gegen den gelben Stein, der brennt. Es fuhr durch die Luft, doch nicht wie die Gefiederten, die Flügel haben, es hatte keine. Es kam näher und immer näher. Mit mir standen einige Völker, die auch schauten. Als es nun nahe genug gekommen war und über uns stand, gab es plötzlich einen mächtigen Knall, und mit einem Male brannte das ganze Kanu in der Luft. Alle schrieen und liefen, dann fiel ein brennendes Stück des Kanus auf mein Haupt und der Blick war vorbei."

Homm verstummte.

„Und dein dritter Blick? Sprich, schnell, bevor er dir entschwindet."

Homm schaute in die Ferne.

„Dies war mein dritter Blick", hob er an. „Ich sah zwei mächtige Türme auf einem Bild, du weißt, Bilder wie die der Alten in den geheimen Höhlen. Aber das Bild veränderte sich, es schritt fort, und es war so klar, als wenn ich mit meinen eigenen Augen den Bison schaute. In einen der Türme schlug ein mächtiger Vogel ein, größer als hundert und hundert Adler. Der Turm brannte, und dann flog ein anderer Vogel in den zweiten.

Auch er brannte, und dann brachen beide zusammen. Viele Völker liefen und schrieen und fielen vom Turm, und dann sprachen Gesichter aus dem Bild viele Worte darüber. Das war der dritte Blick. Was bedeutet das alles, Vater Schamane?"

Der alte Schamane runzelte die Stirn.

„Du hast die Welt am Ende der Tage bereist, mein Sohn", sagte er schließlich. „Die Siedler erschaffen mächtige Dinge, doch der Gehörnte ist immer größer als sie. Behalte das alles für dich und erzähle niemandem von deinen Blicken. Die Siedler würden dich töten dafür."

Beide sahen sich an und schwiegen lange. Bevor aber das Feuer ganz verglommen war, nahm der Schamane etwas glühende Kohle und legte sie in ein kleines Döschen aus Birkenrinde.

„Bewahre das Feuer", sagte er und reichte Homm die Dose. „Bewahre das Feuer und lass dein Licht leuchten am Ende aller Tage, wenn deine Blicke Wahrheit geworden sind. Der Pilz hat dir diese Bilder geschenkt, also ehre ihn und verärgere ihn nie. Aber nun", hob der Schamane an, und ein listiges, fast schelmisches Blinzeln huschte über sein faltiges, von Wind und Wetter gegerbtes Gesicht, „aber nun in den Fluss mit dir, Homm, die Nacht muss abgewaschen werden. Vorwärts!"

Homm sah den Schamanen an, der Schamane sah Homm an, und im nächsten Augenblick sprangen beide auf, rannten zum kleinen Fluss, der die Ebene mäandernd durchzog, platschten samt ihrer härenen Kleidung hinein und lachten, lachten, lachten.

II DIE HOHEPRIESTERIN

Nofretetes Tochter

Da war er also, der Kopf der Nofretete. Nelli lugte durch eine der Türen in den überkuppelten Raum hinein, wo als einziges Exponat eine bemalte Gipsbüste unter dickem Panzerglas auf einem Podest thronte.

Nelli kam näher. Sie sieht ja wirklich gut aus, dachte sie. Auf jeden Fall besser als ihr Mann mit seiner hageren Gestalt, dem dicken Bauch und den Spinnenfingern. Was hatte er ihr geschrieben, der Verrückte? Ihr fielen einige Zeilen wieder ein: „Die schönste Frau Ägyptens, sie war eine Mutter für dich" und „die Aussätzigen von Amarna, sie sind wieder auferstanden", all das nebulöse Zeug, das von Zeit zu Zeit auf ihrem Email-Server landete und aus dem sie nie richtig hatte klug werden können.

Sie betrachtete die Büste. Schön sah sie aus, wirklich ein Meisterwerk. Wenn man bedachte, dass es nur ein Bildhauermodell war. Elegante Züge, nicht die wulstigen Lippen und das langgezogene, verzerrte Gesicht Echnatons. Ein feiner, sehender Blick, wenn auch eine Pupille nicht ausgeführt war. Was hatte er noch gesagt? Das Bild seiner Tante sei ihr so ähnlich. Sie hatte es nie gesehen, konnte es glauben oder nicht. „Als ob sie deine Mutter wäre."

Der Spinner. Karma und Reinkarnation. Na, wer weiß? dachte sie. Karmisch verbunden. Na ja, die einen so, die anderen so. Letztlich sind ja irgendwie alle verrückt. Und die Verrücktesten sitzen an den Schalthebeln der Macht.

Nelli seufzte. Ach, ich möchte auch so schön sein, dachte sie. In seinen Augen bin ich es wohl. Aber die Lidermüdung... Ich werde immer hässlicher... Immer fetter und hässlicher...

Eine plötzliche Übelkeit überfiel sie. Sie bahnte sich einen Weg vorbei an den Umstehenden, eilte zum Foyer des Museums und suchte den Weg zur Toilette. Beinahe musste sie sich übergeben, mit der Hand vor dem Mund stolperte sie gerade noch in eine Kabine, schloss die Tür ab und beugte sich über die Schüssel. Es passierte jedoch nichts. So schnell wie die Übelkeit gekommen war, war sie auch wieder vorbei. Dennoch schwitzte und zitterte Nelli am ganzen Körper. Einige Minuten blieb sie in der Kabine sitzen, bis sich ihr Körper beruhigt hatte. Behutsam schloss sie dann die Tür auf, lugte nach rechts und links und wusch sich Gesicht und Hände. Als sie sich mit einem Papierhandtuch abtrocknete, fiel ihr Blick auf ihr Gesicht im Spiegel. Sie schaute das Gesicht an, das Gesicht schaute sie an, wurde größer, schöner, grüne Lidstriche erschienen, an der Stirn wuchs die Doppelkobra und auf dem Kopf prangten die Kronen von Ober- und Unterägypten.

Nelli fühlte sich leicht, ganz leicht, als ob ihr Bewusstsein die Grenzen des Körpers übertrat, sich im ganzen Raum ausbreitete und sich schließlich völlig in einem Punkt zwischen den Augenbrauen des Spiegelbildes fokussierte.

„Du bist schön", sagte das Spiegelbild, „schön wie Nofretetes Tochter."

„Ich bin nicht Nofretetes Tochter", sagte Nelli laut, schlug mit der Faust gegen den Spiegel und sank ohnmächtig zu Boden.

III Die Herrscherin

Die verbotene Pflanze

Es war einmal vor langer Zeit in einem kleinen Land nahe des großen, warmen Meeres. Dort lebte ein friedliches Volk von tüchtigen Ackerbauern, die unter der Regentschaft eines gütigen und weisen Königs allerlei Feldfrüchte, Getreide, Gemüse und Kräuter anbauten, gerade so, wie sie es nötig hatten oder andere es benötigten. Ihre Kleider fertigten sie aus Hanf und Lein, in ihren Gärten standen Mohn und Giftlattich für die Hausapotheke, und jeder hatte einen guten Streifen Landes, auf dem prächtige Sonnenblumen gediehen, aus denen ein wohlfeiles Öl gepresst wurde, welches nicht nur zum Kochen diente, sondern auch, mit Spezereien und heimischen Duftkräutern Salböl daraus zu fertigen. Soweit die Menschen zurückdenken konnten, hatten sie in Frieden und Eintracht mit sich selbst, den Nachbarn und der Natur gelebt. Schon der Vater und Vatersvater des alten, weisen Königs hatten umsichtig und gerecht regiert und nie auch nur einen Krieg geführt. Der Wohlstand war stets gewachsen, jeder hatte genug Essen, Kleidung und all das, was ein Mensch benötigt, um glücklich und zufrieden zu sein.

Nun trug es sich aber zu, dass der König im hohen Alter eines Tages zu Pferde ausreiten wollte, vor allem, um noch einmal die prächtigen Felder mit Sonnenblumen zu erblicken, welche zu jener Zeit in voller Blüte standen und die er von allen Pflanzen am meisten schätze; zum einen wegen ihrer Gestalt, die der Sonne so nahe kam, zum anderen, weil er gern aß, denn ihr Öl durfte in keiner Speise fehlen. Auch erleuchtete man damit die Nacht und dunkle Stuben, indem man es in kleinere oder größere Öllampen einfüllte. Bei diesem Ausritt geschah es, dass das Pferd des

Königs plötzlich vor einer Natter scheute, die aus dem Grase sprang, und den Reiter abwarf. Der König fiel so unglücklich, dass er wenige Tage später an seinen Verletzungen verschied.

Nun war aber der älteste Sohn des Königs, der ganz seinen Vorvätern nachkam, schon vor einiger Zeit an einem seltenen Fieber gestorben, keine Medizin, keine Besprechung, kein Priester, Heiler oder Hexer hatte ihm helfen können. So kam die Thronfolge an den zweiten Sohn, einen fetten, hässlichen, aufsässigen Wüterich, der seinen Vater innerlich immer gehasst, doch nach außen stets eine Maske von Bescheidenheit, Gutherzigkeit, ja, Mitgefühl getragen hatte, obwohl ihm nur an Gold, Macht und Sinnesfreuden gelegen war.

Schon kurz nach der Grablege des Vaters erließ er ein Dekret, welches bestimmte, dass nunmehr jeder Bauer auf der Hälfte seines Sonnenblumen-feldes Mohn anzubauen habe, in jährlichem Wechsel von der einen zur anderen Hälfte. Der

Anbau von Sonnenblumen müsse jetzt beim Dorfschulzen genehmigt werden und sei auf einen Viertelhektar pro Hof oder Gut beschränkt. Die Bauern murrten zwar, es fehle ihnen dann an Kochöl, und auch die speziellen Salböle, deren Handel ein gut Teil des Reichtums ins Land brachte, könnten nicht mehr in genügender Menge hergestellt werden, doch nichts konnte den König umstimmen.

Heimlich rüstete er nämlich für den Krieg; er wollte das Nachbarreich, wo sein Cousin den Thron führte, mit Gewalt besetzen, einmal, um sein eigenes Reich zu vergrößern, und zweitens, weil er noch eine Rechnung mit seinem Verwandten offen hatte. Den Mohn ließ er horten, zu Opium verarbeitet, um im Falle von großen Feldschlachten die Verletzten versorgen und die Soldaten immun gegen den Schmerz machen zu können. Und Sonnenblumen, deren Anbau er mehr und mehr beschränkte und schließlich bei

Todesstrafe ganz verbot, hatten ihn immer an seinen Vater erinnert; und an das Licht, das er so hasste.

Die Leute trauten sich nicht mehr zu murren, jedenfalls wenn Gefahr bestand, dass es einer der Büttel und Schergen des Königs hörte, von denen es nun viele im Lande gab, ob man es von ihnen wusste oder nicht. Schon mit Erlass des ersten Dekrets hatte der König begonnen, eine große Armee auszuheben. Der Mohnanbau war verstärkt worden, die Erträge der anderen Flächen mit Getreide und Feldfrüchten gingen zu großen Teilen in die staatlichen Lager, wo sie der Versorgung des Heeres dienten.

So waren die Menschen gezwungen, Öl aus Mohnsamen zum Kochen und für ihre Lampen zu benutzen, welches aber in der Herstellung viel teurer war als das von ihnen so geliebte Sonnenblumenöl, und das sich daher nur die Wohlhabenden leisten konnten. Die Herstellung von

Salbölen wurde ganz verboten, und zu Erlangung von Devisen trat Opium an deren Stelle.

Einige Unverzagte, welche die wilden Hügelregionen gut kannten oder ein kleines Stück Land dort besaßen, wagten es dennoch gelegentlich, ein paar der unter der Hand gehandelten und mit Gold aufgewogenen Sonnenblumensamen in den Boden zu legen, um zur Erntezeit die so geschätzten Sonnengesichter unter Lebensgefahr einzubringen und dann mit wenigen Vertrauten oder im kleinsten Familienkreis die ausgestreiften Körner einzeln mit den Zähnen zu knacken und im Gedenken an den alten König behutsam zu kauen, oder aber bei verdunkeltem Fenster gar eine Tasse Öl zu pressen und mit Spezereien zu versetzen, die nun zum größten Teil auch verboten waren.

Die Jahre gingen dahin, der Krieg forderte seine Opfer, wer noch lebte, murrte nicht mehr, sondern baute Mohn und Getreide für den König. Von Zeit zu Zeit ließ man zum Zwecke der

Abschreckung einen „Sonnensüchtigen", wie man diese Straftäter mittlerweile nannte, auf dem Marktplatz auspeitschen oder gar eine ganze Bande von ihnen zu hängen. Unliebsamen Mitmenschen schmuggelte man gerne ein paar Körner in den Beutel oder legte ihnen gar ein ganzes Säckchen ins Haus, um sie dann beim Schulzen anzuzeigen.

Da mittlerweile auch das meiste Vieh für den Krieg beschlagnahmt und aufgegessen worden war, hatte man keinen Dünger mehr für die Mohnfelder. Der König befahl daher, einfach das Stroh des letzten Jahres unter die Erde zu pflügen und erneut Mohn zu streuen. So wurden die Pflanzen immer kleiner, die Erträge immer geringer, die Forderungen des Königs blieben jedoch gleich oder wurden noch erhöht. Daher verarmte die Bevölkerung rasch, Elend, Hunger und Opiumsucht breiteten sich aus, und durch Krieg und Missernten entvölkerten sich ganze Landstriche.

Der Cousin des Königs, Herrscher im mit Krieg überzogenen Nachbarreich, war natürlich auch nicht untätig gewesen. Der Wüterich hatte es sich mittlerweile bei allen umliegenden Reichen verscherzt, und in einer geheimen Koalition unter der Führung des Cousins besetzten sie im Handstreich sein geschwächtes Land, ließen ihn absetzen, hinrichten und seine Asche in einen Fluss verstreuen.

Das Volk des kleinen, gebeutelten Landes wählte nun einen neuen König aus seinen eigenen Reihen. Dieser ließ mit Hilfe des Nachbarreiches das Land wieder aufbauen, verbot den Anbau von mehr als zwei Beeten Mohn und ließ im ganzen Land wieder Sonnenblumen pflanzen. Der große, kräftige Stängel mit den Blättern wie Elefantenohren und dem hängenden Sonnengesicht zierte nun das Wappen des neuen Königshauses, und die wenigen überlebenden „Sonnensüchtigen", die bis zuletzt im Kerker geschmachtet hatten, wurden entschädigt und wieder in alle Ehren eingesetzt, einige von ihnen sogar zum Ritter geschlagen. Der neue König regierte lange und gerecht, im Volk wuchsen wieder Wohlstand und Zufriedenheit, und Krieg ward nicht mehr gesehen im Land.

Fazit: Nimmst du den Menschen ihre Liebe und gibst ihnen Hass, so kannst du sie für eine Weile beherrschen. Nimmst du ihnen den Hass und gibst ihnen die Liebe, wirst du immer der Herrscher ihrer Herzen sein.

IV DER HERRSCHER

Der Troll

Sieh nicht nach links
Sieh nicht nach rechts
Es ist ein Troll
Der hinten folgt

Schaust du ihn an
Schaut er zurück
Und folgt dir stets
Schaust du zurück

Drum halt den Atem
Folge nicht
Du musst nur warten
Ihn bricht das Licht

FOLGE NIEMANDEM!

V Der Hierophant

Sehers Auge

Des Sehers fernes Auge
Zieht in der Welt herum
Doch geht die Kraft zur Neige
Bleiben die Welten stumm

Belebt ist jedes Wesen
Auch der Stein hat seine Macht
Wer kann die Zeichen lesen
In tiefer, dunkler Nacht?

Fürdem war es dem Menschen
Erlaubt, wie Gott zu sein
Erkenntnis will er schenken
Der Geist, der stets verneint

Zu einem Ziele wandern

Das muss der Mensch allzeit

Von einem Ort zum andern:

Das Ziel wird nie erreicht

VI DIE LIEBENDEN

Märchenprinz

Es war vor ziemlich langer Zeit

Da kam ein Märchenprinz gezogen

Doch war er meistens ziemlich breit

Da ist sie fortgeflogen

VII DER WAGEN

Weißes Hasch

Stefan war ein Unternehmertyp. Er hatte zwar nur einen Mittleren Schulabschluss und eine abgeschlossene Lehre als Technischer Zeichner vorzuweisen, fühlte sich aber dennoch zu Höherem berufen. In der Baufirma, wo er arbeitete, hatte er sich mit Hilfe seines praktischen Verstandes, welchen er zweifelsohne besaß, und seiner konsequenten Personalführung zum Bauleiter hochgedient. Dies verschaffte ihm ein sicheres und seinen Ansprüchen genügendes monatliches Salär, womit er seine Familie samt Haus, Haushalt und zwei Autos versorgen konnte und welches überdies auch viele der Annehmlichkeiten ermöglichte, die unsere konsumfreudige Welt heutzutage so bietet.

Nun geschah es aber, dass die Konjunktur im Land schwächelte; die Aufträge wurden auch und besonders in der Baubranche weniger, viele Menschen verloren ihre Arbeit, und zu diesen gehörte schließlich auch Stefan. Das Haus war noch nicht abgezahlt, Schulden drückten, doch Stefan fand keine neue Anstellung, trotz seiner zahlreichen Beziehungen, die er während seiner Tätigkeit bei „Friesenbau" hatte knüpfen können.

Eines Tages besuchte ihn ein alter Freund, welcher gerade in der Gegend seinen Urlaub verbrachte. Sie mussten wohl schon einen halben Kasten Pilsener geleert haben, als Stefan begann, von seiner misslichen Lage zu berichten.

„Egon, hast du nicht irgendeine Idee? Vielleicht ein Job in Holland? Du wohnst doch an der Grenze."

„Tja, Stefan, am Bau ist auch in Holland Flaute. Aber warte mal..."

Egon stellte behutsam sein Bier auf die gläserne Tischplatte und sah Stefan ernst an.

„Kannst du die Schnauze halten?"

Ohne eine Antwort abzuwarten, kramte er in seiner Hosentasche und legte dann ein kleines Plastiktütchen mit Clipverschluss auf den Tisch.

Stefan lachte. Das Lachen klang wie das plötzliche Wiehern eines Pferdes.

„Was ist das?"

„Weißes Hasch."

„Wa-a-a-s ist das?"

„Weißes Hasch."

„Grüner, Schwarzer, Roter, Gelber, okay, aber warum weiß?"

„Warum, warum, was weiß ich, wie die Scheiße gemacht wird. Aber das knallt tierisch rein. Ich hab gehört, die Kids wollen nur noch das. Biste total relaxt. Kann ich mehr von kriegen. Ich könnte dich beteiligen. Ich brauche jemanden, der mir das Zeug über die Grenze bringt."

„Wie viel sitzt drin?"

Stefan setzte vorsichtshalber seine Geschäftsmiene auf, obwohl ihm innerlich die Knie schlotterten. Als Egon den Betrag nannte, der pro Fahrt gezahlt werden sollte, schwanden jedoch seine Bedenken und ein Fieber ergriff ihn, ein Fieber, wie es Jäger und Gejagten gleichermaßen ergreift, wenn dem einen das Erlegen und Fressen der Beute, dem anderen aber unvermeidlich der Tod bevorsteht.

So fuhr Stefan mit seinem schicken bairischen Wagen erst einmal im Monat, dann einmal wöchentlich, später mehrmals in der Woche in einen Vorort von Rotterdam, lud bei einem Mittelsmann ein oder zwei Pakete „Weißes Hasch" ein, versteckte sie in einem Hohlraum unter der Rückbank, passierte die gewöhnlich unbewachte Grenze nahe der Kleinstadt, wo Egon wohnte, lieferte die Pakete ab und kassierte seinen Botenlohn.

Eine Weile ging alles planmäßig vonstatten; doch tauchten nun in den einschlägigen Medien und Kifferforen vermehrt Hinweise auf vermutlich mit einem synthetischen Opiat versetztes Hasch auf, das entlang der niederländischen Grenze scheinbar explosionsartig den Schwarzmarkt überschwemmte und sogar schon Todesopfer gefordert hatte. Dazu machte es offenbar sehr schnell süchtig, ein Problem, das bis dahin in Kifferkreisen nahezu unbekannt gewesen war. Stefan rührte das Zeug nicht an. Er hatte eh nichts für Haschisch über, es machte ihn träge und ließ sein Leben leer und sinnlos erscheinen, jedenfalls in der Zeit, als er es gelegentlich probiert hatte.

Egon jedoch hatte Gefallen daran gefunden, besonders, ja eigentlich ausschließlich das weiße hatte es ihm angetan. Erst hatte er es in kleinen Mengen an wenige Bekannte weiterverkauft, um seinen Konsum zu finanzieren, später, auch mit Hilfe von Stefans Kurierfahrten, organisierte er über das Internet einen landesweiten Ring von Verteilern, die ihrerseits die lokalen Kleindealer versorgten, bei denen sich dann am Bahnhof, im Park, an der Schule oder im Hinterhaus wiederum die Endverbraucher mit Stoff eindeckten.

Doch eines Tages geriet Egon in eine Verkehrskontrolle. Neben seiner Dosis Weißem hatte er wie gewöhnlich schon ein kleines Bierchen oder zwei intus, und die Drogenschnelltests ergaben dann auch erhöhte Werte für Cannabis, Opiate und Amphetamine. Die anschließende Durchsuchung des Wagens und seiner Person förderte insgesamt 17,5 Gramm einer cannabisartigen, mit Opiaten versetzten Substanz, knapp 2 Gramm Crystal Meth, 6,1 Gramm Marihuana der Sorte „White Widow" sowie eine laienhaft verschlüsselte Liste von vollständigen Namen und Telefonnummern sämtlicher Kontaktleute, an die Egon seinen Stoff lieferte, zu Tage.

Für die Behörden war das natürlich ein gefundenes Fressen. Mit einem Schlag konnten sie einen ganzen Ring von Kriminellen ausheben, die wesentlich mitverantwortlich waren für eine Pest, welche mittlerweile schon Schulkinder erfasst, einige sogar dahingerafft und damit natürlich die Eltern und die gesamte Öffentlichkeit auf die Barrikaden getrieben hatte. Die öffentliche Meinung war aufgeheizt. In diese Stimmung platzte Egons Verhaftung. „An den Galgen mit dem Schuft!" riefen manche, „schlimmer als Kinderschänder!" die anderen. Und unser Stefan?

Als Egon geschnappt wurde, war er gerade wieder auf einer Tour in Rotterdam. Der zentrale Mann dort, der ihm den Stoff gab, war wohl eh schon ins Visier der niederländischen Behörden geraten. Mit dem Tipp aus Deutschland fackelten sie nicht lange und schlugen zu.

Die Niederlande sind ja allgemein als weltoffen und liberal bekannt, doch in manchen Dingen verstand ihre Bundespolizei, die Königliche Marechaussee, überhaupt keinen Spaß. So auch in diesem Fall.

Stefan hatte wie üblich zwei Pakete weißes Hasch in seinem Cabrio verstaut, war losgefahren durch den Vorort in Richtung Autobahn und zündete sich gerade eine HB an, als ihn ein Zivilfahrzeug überholte. Eine weiß-rote Kelle wurde herausgestreckt: Polizei, bitte anhalten. Scheiße, dachte Stefan und trat auf die Bremse. Bevor noch die Räder seines Wagens ganz zum Stillstand gekommen waren, sprangen zwei Beamte mit vorgehaltenen Waffen aus dem Auto vor ihm.

„Raus! Raus! Auf den Boden!"

Stefan überlegte blitzschnell. Eine kleine Automatikpistole lag im Handschuhfach, versteckt hinter einem Paket mit belegten Broten und einem Brillenetui. Reicht nicht, dachte er nur, stieg mit erhobenen Händen aus und lag sofort im

Polizeigriff mit dem Bauch auf dem Pflaster. Aus der Traum vom Haus mit Baum.

Als Stefan dies während der Untersuchungshaft realisierte – wie viele Jahre stehen auf bandenmäßigen Handel mit harten, ja, harten Betäubungsmitteln? – knickte er ein und schien völlig zu resignieren. Er fungierte, soweit er selbst Einblick hatte, als in jeder Hinsicht geständiger Kronzeuge, baute aber zunehmend körperlich und seelisch ab. Man verurteilte ihn zu 12 Jahren Haft, doch aufgrund von Gutachten mehrerer sachverständiger Psychiater, die ihm guten Willen, aber eine schwere narzisstische Persönlichkeitsstörung sowie eine vermutlich in der Haft erworbene Psychose attestierten, landete er schließlich in der geschlossenen Abteilung eines forensischen Irrenhauses. Dort saß er Tag um Tag im Raucherraum, schaute gewöhnlich gedankenverloren aus dem Fenster, rauchte jede Stunde eine der zugeteilten HB-Zigaretten und murmelte beständig vor sich hin.

„Weißes Hasch, hätte ich das gewusst, weißes Hasch, weißes Hasch, hätte ich das gewusst..."

So sah ihn auch seine Frau, die ihn einmal im Monat besuchte, pflichtbewusst, denn sie hatte längst einen anderen Freund und Vater für die Kinder. „Weißes Hasch...", so saß er da, murmelte vor sich hin, ohne jedes Interesse für die Umwelt. Nur als ihn einmal sein ältester Sohn aus erster Ehe besuchte, hätten, so berichtet es dieser, seine Augen noch einmal aufgeleuchtet. „Die Familie, sorge für die Familie", soll er gesagt haben, bevor er schluchzend zusammenbrach. Einige Tage später setzte er dann mit einer eingeschmuggelten Krawatte seinem Leben selbst ein Ende.

VIII KRAFT

Morgengold

Der Tag ist hold,
Die Nacht war gnädig,
Des Morgen Gold,
Es lacht behäbig.

Ein neuer Tag
Und neue Wege
Sind zu beschreiten
In meiner Seele.

Drum halt ich still
Und denke nach:
Das, was ich will,
Das ist beständig.

IX DER EREMIT

Rat und Tat

Siegesmund,

Dein Mund tut kund,

Was andere raten.

Denn deine Taten,

Die verraten

Die Kunst der Stunde

Aus deinem Munde.

Siegesmund,

Der Rater rät:

Der Stunde Kunde,

In deinem Munde

Soll sie erstehen.

Der Täter Tat,

Der Räte Rat,

Erstehen und vergehen.

43

X RAD DES SCHICKSALS

Fachbücher

Man hat mich
Tausendfach verspottet
Man hat mich
Hundertfach vergiftet
Man hat mich
Dutzendfach eingesperrt

Man hat mich
Zehnfach verleumdet
Man hat mich
Fünffach in Ketten gelegt
Man hat mich
Vierfach ermordet

Man hat mich

Dreifach entmündigt

Man hat mich

Zweifach vergewaltigt

Man hat mich

Einfach gefoltert

Nur gefoltert

Im Namen einer Medizin

Die ihre Kinder

Hunderttausendfach

Vernichtet hat

XI GERECHTIGKEIT

Ein Ungemach

Wütend sah ich
Himmelschreiend
Vögeln zu, wie sie im Tanz
Im Ungemach dem Freien frönten

Da hielt ich ein
Da sah ich zu
Dass dies zu einem Ende kam

Mein Wort, es galt
Den Herren nichts
Mein Wort, es war
Ein Ungemach

So sah ich weiter

Himmelschreiend

Vögeln zu, wie sie im Tanz

Im Ungemach dem Freien frönten

Da hielt ich ein

Da sah ich mich

Und kam zu einem Ende

XII DER GEHÄNGTE

Irrenhausdoktor

In einem alten Hause
Da lebte einst ein Mann
Nahm täglich seine Brause
Und lebte so voran

Einst war er wohl ein Doktor
Im Landesirrenhaus
So wie der Doktor Proktor
Trieb er´s den Irren aus

Fesselt sie ans Bettgestell
Jagt Spritzen in den Arsch
Ausgangssperren, Rauchverbot
Waren ihm sein täglich Brot

Heute ist er selber alt

Debil und Pflegefall

Und nachts, da quälen ihn die Träume

Vom Unrecht, das er einst beging

Er sieht sich selbst im Irrenhaus

Eingesperrt und zugedröhnt

Er weiß, er kommt hier niemals raus

Fixiert im Bett, auch wenn er stöhnt

Jede Nacht plagt ihn der Alb

Doch weiß er nicht, warum´s so ist

Wacht er dann auf, in Schweiß gebadet

Schreit seine Seele „Bitte nicht!"

XIII Tod

Die Operation

Vor gar nicht allzu langer Zeit in einer fernen Zukunft, als die Medizin noch keine Heilkunst war, ersannen findige Professoren und Doktoren eine revolutionäre Methode, wie dem diabetischen Fuß, einem Phänomen, welches offenbar aufgrund der allgemeinen Übergewichtigkeit der zivilisierten, mit Fast Food und Zuckergetränken bis an den Rand gefüllten und überversorgten Menschheit immer häufiger auftrat, beizukommen sei.

Nachdem es nun gegen den heftigen Widerstand der maßgeblichen Industrielobbys nicht gelungen war, ein von den alternativen Parteien vorgeschlagenes, groß angelegtes Gesundheitsprogramm durchzusetzen, wurde mit großer Mehrheit ein Gesetzesvorschlag im Parlament angenommen, der im Wesentlichen nur der Durchsetzung einer einzigen, dem werten Leser wohl recht radikal erscheinenden Maßnahme diente, nämlich der Amputation beider Füße, sobald eine Diabeteserkrankung diagnostiziert werden konnte.

In der Folge war es nicht nur die Zunft der Chirurgen, die von der neuen Gesetzeslage profitierte, sondern auch die Hersteller orthopädischer Hilfsmittel verzeichneten rasant wachsende Umsatzraten, vor allem natürlich im Bereich der Rollstühle und Prothesen. Wohnungen mussten barrierefrei gestaltet werden; der Umbau kurbelte die Wirtschaft an und schuf neue Arbeitsplätze. Dieser Aufschwung war um so deutlicher zu vermerken, je intensiver die nun gebildeten mobilen Einsatzteams aus Ärzten und Operationshelfern das Land durchfuhren, Zuckertests bei offensichtlich Übergewichtigen durchführten und die Verwandten befragten, ob eventuell schon einmal ein Diabetes diagnostiziert worden war. Im positiven Falle wurden an Ort und Stelle im mitgeführten Ambulanzwagen die Füße entfernt und so der Patient der Heilung seines möglicherweise im Entstehen begriffenen diabetischen Fußes zugeführt.

Weigerte sich nun aber jemand, der Amputation zuzustimmen und sein Leben fortan auf Krücken zu führen, hatten die Ärzte alle Trümpfe in ihrer Hand, denn es war jetzt möglich, mittels eines amtlichen Beschlusses diese Fälle von Renitenz und Krankheitsuneinsichtigkeit zwangsweise in geschlossene chirurgische Krankenstationen zu überführen und sie dort auch gegen ihren Willen der revolutionären neuen und, wie man allgemein dachte, für alle Seiten nur vorteilhaften Heilmethode zuzuführen.

Einige Jahre konnte nun in dieser Weise erfolgreich dem diabetischen Fuß entgegengetreten werden, doch mit der Zeit wurden Einwände, ja gelegentlich sogar Proteste laut; erst von Angehörigen, weil sie sich mit der Pflege ihrer zwar immer noch übergewichtigen, jedoch nun zusätzlich gehbehinderten Verwandten überfordert sahen, dann auch seitens der Gesundheitskassen, denn die ständig steigende Flut an Verordnungen für Hilfsmittel und Pflege drohte einige von ihnen in den finanziellen Ruin zu treiben.

Auch in den medizinischen Fachzeitschriften waren mit der Zeit mehr und mehr kritische Artikel erschienen, deren Tenor, die postulierte Rückkehr zu konservierenden Methoden, sprich Insulinbehandlung und Verordnung anderer, neuartiger Medikamente, die den Stoffwechsel beeinflussten, schließlich auch zu einigen praktischen Ärzten durchdrang und von ihnen beherzigt wurde.

Die Politik reagierte nun ebenfalls. Die ambulante und stationäre „Podotomie", wie das Verfahren offiziell hieß, wurde erst eingeschränkt und später bis auf wenige, streng geregelte Ausnahmen ganz verboten. Auch die Medien hatten mittlerweile kritisch berichtet, und Teile der Bevölkerung zeigten sich nun empört über diese, wie sie sagten „steinzeitliche Methode", die wie ein Feuer durch das Land gegangen war und nun endlich ein Ende finden müsse. Mit dieser Bezeichnung, so treffend sie vielen von uns aus heutiger Sicht auch erscheinen mag, tun wir jedoch unseren steinzeitlichen Vorfahren bitteres, bitteres Unrecht. Denn niemandem wären damals die Füße amputiert worden – man hätte die Betroffenen einfach auf Diät gesetzt.

XIV MÄSSIGKEIT

Die Spur des Flaschensammlers

In dieser unseren Zeit, in der die Reichen zwar immer reicher werden, die Armen aber auch immer ärmer, müssen sich viele der vom Expresszug der Gesellschaft Abgehängten nach Möglichkeiten umschauen, das dürftige Sozialgeld oder ihre geringe Rente auf welche Art auch immer ein wenig aufzubessern, um vielleicht einmal ein Stück Fleisch auf dem Teller zu haben, abends eine Flasche Bier zu trinken oder gelegentlich eine Schachtel Zigaretten zu kaufen.

Wer ein Instrument beherrscht oder auch nur ein Paar Rasseln einigermaßen rhythmisch bedienen kann, versucht sich als Straßenmusiker; andere, welche über kein derartiges Talent verfügen, bitten die Passanten an den belebten Straßen der Innenstadt mit vorgehaltenem Pappbecher und treuem Hundeaugenaufschlag um etwas Kleingeld. Und dann gibt es die Flaschensammler.

Als ich vor einigen Jahren neu in die Vorstadt zog, war er noch nicht da. Doch nach vielleicht einem Jahr dort fiel er mir zum ersten Mal auf: Ein kleiner, hagerer Mann, vielleicht in den Sechzigern, bärtig, mit Mütze und einer großen Tasche am Fahrrad. Zielstrebig steuerte er den Müllkorb am Bushäuschen an, mit kritischem Blick inspizierte er den Inhalt, zog eine Plastikflasche heraus, prüfte sie und ließ sie dann in seiner Tasche verschwinden.

Regelmäßig sah ich ihn bei seinen Touren, nicht nur in unserem Viertel, sondern auch an verschiedenen Stellen der Innenstadt und in der Gegend des Bahnhofs. Meist war die Tasche gut gefüllt, und ein zusätzlicher Korb auf dem Gepäckträger vergrößerte den Stauraum. Nach erfolgreicher Arbeit erstand er dann von dem Erlös einige Flaschen oder auch von Zeit zu Zeit einen ganzen

Kasten des hiesigen Landbieres, appetitlich in kleine Bügelflaschen abgefüllt, und fuhr dann heim.

Eine Zeitlang später begann er, gelegentlich Halt an einem der kleinen Bushäuschen zu machen, die in Abständen unsere Straße zu beiden Seiten flankierten. Dort rauchte er eine Filterzigarette und gönnte sich in Ruhe einen behaglichen Schluck aus seiner Bügelflasche. Seine Taschen waren immer noch gut gefüllt, obwohl die Konkurrenz anderer Flaschensammler an deren zunehmender Präsenz auch in unserem Viertel wohl zu merken war.

Ich weiß nicht, wer er ist und woher er kommt, noch, was oder wo er in seinem Leben gearbeitet hat, doch scheint es mir wenige Menschen zu geben, die so einsam sind wie er. Auf ein „Guten Tag!" oder „Hallo!", das ihm anfangs noch einige Passanten und Bewohner des Stadtviertels entgegenbrachten, reagierte er nie, seine Aufgabe und

Erfüllung schien allein im Sammeln des Leergutes und der Flasche Landbier danach zu liegen.

Doch ich weiß noch, dass ich richtiggehend ein wenig erschrak, als ich ihn später zum ersten Mal auf der Bank eines seiner Bushäuschens sitzend bei einem Flachmann Korn ertappte, der ausgeleert und von einigen Kippen umgeben auch zwei Tage später noch am Fuß der Sitzbank auf dem Pflaster stand.

Heute ist er nur noch zu Fuß unterwegs. Sein Bart ist immer länger und ungepflegter geworden, seine schmutzige und zerrissene Kleidung scheint seit einem Jahr nicht gewaschen zu sein, das Fahrrad und die Taschen sind verschwunden. Gelegentlich klaubt er im Vorbeigehen aus einem der Mülleimer oder einer Hecke noch eine Pfandflasche, meist aber sitzt er im Bushäuschen, trinkt Weizenkorn und raucht. Falls er überhaupt noch zu sehen ist. Bis zum Anfang der neuen Woche, wenn die Stadtreinigung kommt, zeugen einige zerbrochene oder auch ganze, aufrecht stehende Fläschchen mit Schraubverschluss, umgeben von einem Kranz ausgedrückter Zigaretten, von dem immer kleiner werdenden Wirkungskreis eines Menschen, einem der vielen, sicher ganz unterschiedlichen Vertreter einer wachsenden Spezies, die sich mit harter Arbeit und gewöhnlich großem Einfallsreichtum an die Erfordernisse, um nicht zu sagen Schattenseiten unserer globalisierten Welt anzupassen vermag, dem Flaschensammler.

Mögen also die Leute auch morgen noch ihre Flaschen und Dosen neben den Container stellen statt sie hineinzuwerfen, damit diesem stetig wachsenden Heer neuzeitlicher Jäger und Sammler wenigstens noch ein kleines bisschen Würde verbleibt, ein kleiner, unbeobachteter Moment, bevor sie vielleicht alles verlieren. Wie letztlich jeder von uns.

XV DER TEUFEL

Erkenntnis der Macht

Der Satan sitzt auf den Thronen
Macht umnächtigt Macht
Der Satan sitzt auf den Thronen
Feuer bemantelt Feuer
Der Satan sitzt auf den Thronen
Wacht halte, wer wacht!

Schlafen tun sie, die räudigen Massen
Der Satan umnächtigt die Nacht
Brennen muss sie, die bevorzugte Rasse
Im Licht der Erkenntnis der Macht

Denn Satan sitzt jetzt auf den Thronen
Und Wissenschaft dient ihm zum Witz
Satan sitzt jetzt auf den Thronen
Im Licht der Erkenntnis der Macht

XVI Der Turm

Akasha

In warmem Strome mich erinnernd
An Welten, die der Schöpfer schuf
Steh ich dort, am Rand der Zeiten
Und warte auf der Welten Ruf

Bald schon klingt in mir die Gabe
Zu sehen, was in Ferne liegt
Bald hinauf, in Zukunfts Walten
Bald hinab, so schweift mein Blick

Könnt´ ich berichten all die Zeiten
Was noch geschieht, was einst geschah
Kein Buch könnt´ all die Seiten fassen
Doch steht´s geschrieben – für immerdar

Engelkinder

Trägst du auch ein Monster in dir? Eines, das schreit, eines, das flüstert, eines, das denkt, liebt und schmerzt? Wir sind Engelkinder, mein Bruder, Engelkinder sind wir, meine Schwester, du auch? Auch du?

Wir müssen dies Monster gebären, eines Tages, wenn es reif ist zur Metamorphose, ja, eines Tages wird es die Hülle aufbrechen, herauskriechen, seine weichen, noch gefalteten Flügel mit Nektar strömen, erkalten und austrocknen lassen und sie dann ausbreiten.

Wir sind Engelkinder. Es ist kein Golem, den wir erschaffen, den wir wachsen lassen, den wir hervorbringen; vielleicht ist es ein Teufel, der in uns wächst, ein Zweiter, Näherer, Nährer und Genährter; doch werden Engel bisweilen zu

Teufeln und Teufel zu Engeln; auch das ist bekannt.

Wir sind Engelkinder. Hebt es dann seine Flügel, bist du ich und ich bin du und du bist wir...

So sei es denn. Wenn wir es sind, ist seine Mission erfüllt. Wir sind Engelkinder. Auch du.

XVIII DER MOND

Gott zum Gruße

Oh Allvater, Alleiniger

Größter unter den Größten

Allwissender, Allwesender

Alles Erkennender

Alles Erbauender

Alles Erhaltender

Alles Vernichtender

Herr der Zeit

Herr des Raumes

Allmächtiger Vater -

Ich möchte Deinen Pimmel lutschen

XIX Die Sonne

Feuerschein

Der Schein vom Feuer
In der Nacht
Ist lieb und teuer,
Wenn er lacht.

Doch steigt die Sonne
Zum Zenit,
Füllt mir die Wonne
Jedes Glied.

XX Gericht

Tag und Nacht

Wenn die Tage grauer werden
Und die Nächte mild verweilen

Wenn der Regen zu schreien beginnt
Und die Wolken in Nestern toben

Dann beginnt der Tag
Das neue Morgen
Der Tag nach der Nacht

Schabenreiter

Hubert hatte sich zu Weihnachten eine Schildkröte gewünscht. Seine Mutter, Mittvierzigerin schon und alleinerziehende Architektin, erkundigte sich dann auch in der großen Zoohandlung bei einem beflissenen Angestellten über die Haltung von Reptilien, während der kleine Hubert voll begeisterter Entdeckerfreude die Reihen mit Terrarien, Aquarien und Käfigen abschritt, hier und da stehenblieb, ein bestimmtes Tier oder eine Gruppe davon gespannt betrachtete und verfolgte, was in dem Gewimmel, Geschwärme und Gezwitscher alles so vor sich ging.

„Früher war es gang und gäbe, dass die Kinder Schildkröten unter dem Bett in einem Schuhkarton hielten und auf der Straße Rennen mit ihnen veranstalteten."

Der Angestellte räusperte sich.

„Und im Winter kamen sie dann in den Kartoffelkeller oder die kalte Garage. Die wenigsten haben das lange überlebt."

Der Angestellte räusperte sich noch einmal.

„Früher hat man die Tiere direkt in den Herkunftsländern eingefangen und importiert. Heute stammen alle Exemplare ausschließlich aus zertifizierten Nachzuchten, da diese Reptilien generell unter das Washingtoner Artenabkommen fallen, also streng geschützt sind."

Der Angestellte holte tief Luft. Das gab Frau Wilde die Zeit, selber etwas zu sagen. Sie schluckte.

„Wir haben uns schon darauf eingestellt, dass wir ein Terrarium brauchen oder so etwas. Wie viel Platz braucht denn so eine griechische Landschildkröte?"

Der Angestellte sah Frau Wilde freundlich, aber fast mitleidig an.

„Nun ja, Schildkröten sollte man generell in Gruppen von mindestens drei Tieren halten. Dazu sollte man auch das Geschlecht der Tiere berücksichtigen, damit die Gruppe sich verträgt. Also, empfehlenswert wäre ein sonniges Freigehege von mindestens sechs Quadratmetern, mit einem beheizten Unterschlupf und Möglichkeiten zur Eiablage. Ein entsprechendes Terrarium sollte schon sehr groß sein und nur für die Übergangszeit genutzt werden."

„Oh", machte Frau Wilde nur und schluckte noch einmal. „Äh, ich glaube, das können wir nun doch so nicht leisten. Da wird Hubert sicher traurig sein. Aber gibt es denn da nichts, was auch ein Kind versorgen kann und was nicht so viel Platz braucht?"

Der Angestellte schaute Frau Wilde ernst an, blickte den Gang hinunter, wo der kleine Hubert gerade vor dem Terrarium mit den Mantiden in die Knie gegangen war, und sagte dann: „Fauchschaben. Nehmen Sie Fauchschaben. Dort, wo ihr Junge ist. Madagaskar-Fauchschaben würde ich Ihnen empfehlen. Schauen Sie, dort wo Ihr Junge steht. Kommen Sie."

Dem kleinen Hubert standen zwar ein wenig die Tränen in den Augen, als er erkannte, dass er vom Traum einer gepanzerten Freundin in Form einer Schildkröte Abschied nehmen musste, doch als der Zooverkäufer dann eine riesige, schwarz gepanzerte Kakerlake mit einem urtümlichen, unter dem Nackenschild genügsam emporlugenden Riesenkopf behutsam in Huberts zitternde Handfläche legte, wobei das gigantische Insekt ein, zwei zischende Fauchlaute ausstieß, war sein Herz gewonnen.

„Mama, die will ich!" rief er. „Kauf die mir bitte, die will ich!"

„Nehmen Sie noch ein Weibchen dazu", meinte der Verkäufer schmunzelnd. „Und ein Buch über

Insektenhaltung. Terrarien haben wir drüben, in allen Größen."

Das kleine Buch, das sie ausgewählt hatten, beschrieb nun nicht nur, was es braucht, um einer kleinen Fauchschabenfamilie zum häuslichen Glück zu verhelfen, sondern genauso wurde dort über die Haltung von Gottesanbeterinnen, den Mantiden, als auch gewöhnlichen, üblicherweise als Futtertiere genutzten Insekten wie Heimchen, Grillen und verschiedenen Heuschreckenarten berichtet.

Zu Ostern hatte er sich noch Steppengrillen und Wüstenheuschrecken gekauft, sie zu den Schaben gesetzt und gespannt beobachtet, wie sie sich von Zeit zu Zeit aus ihrer alten Haut schälten und als fast farblose, für eine Weile auch hilflose, ganz neu erst entstandene Wesen in einer Ecke hockend oder an einem Ast hängend warteten, bis der Chitinpanzer verhärtet war.

Die Grillen nahmen irgendwann überhand, und schließlich evakuierte Hubert mit Hilfe seiner Mutter sämtliche, inzwischen fast unzählige Grillen mit Hilfe von selbst gebauten Fallen und setzte sie in einem nahegelegenen Grünstreifen aus. Junge Wanderheuschrecken nahmen dafür deren Platz ein.

Hubert hatte beobachtet, dass die kleineren Insekten gerne auf den Rücken der meist behäbigen Kakerlaken kletterten. Einmal saßen drei ausgewachsene Wüstenheuschrecken wie zum Skat auf dem Panzer des Schabenweibchens und blieben dort auch eine ganze Weile sitzen, wobei sie ab und zu ein Vorderbein hoben und in die Terrarienlampe zu blinzeln schienen. Manche ließen sich auf dem Schabenrücken von einem Ast zum anderen oder auch quer über die Glaswand des Terrariums transportieren.

Stunde um Stunde saß Hubert vor dem Terrarium, mit dem Vergrößerungsglas betrachtete er, was passierte, und auch seine Mutter bekam stets das Neueste mit.

„Mama, bei den Wüstenheuschrecken reiten jetzt auch die Männchen auf den Weibchen. Und die Männchen machen den Bauch ganz krumm, und die Weibchen zittern dann manchmal so!"

„Die haben sich lieb, Hubert. Dann mögen die kuscheln."

Eine Weile später beobachtete er, wie zwei Männchen aufeinander saßen.

„Du, Mama, da sind zwei Männchen, die haben sich auch lieb!"

„Ja, Hubert, das ist die Natur. Wir sollten uns alle lieb haben."

Noch mehr fiel ihm auf.

„Mama, guck mal, zwei Männchen auf einem Weibchen! Und sie sitzen schon eine Viertelstunde so!"

„Ja, die haben sich alle lieb."

Huberts Augen leuchteten.

„Und sie machen auch den Bauch krumm, wenn sie auf den Fauchschaben sitzen, manchmal jedenfalls. Die sind so lieb, Mama, die sind alle so lieb!"

„Natürlich, Hubert, so sollten wir auch sein. Jetzt aber ab ins Bett!"

„Und eine Wüstenheuschrecke sitzt auf einer Wanderheuschrecke!"

„Ab ins Bett!"